POUR UNE POLITIQUE DE CIVILISATION

Edgar Morin

POUR UNE POLITIQUE DE CIVILISATION

arléa

16, rue de l'Odéon, 75006 Paris

arlea.fr

Janvier 2008
ISSN 1270-9204
ISBN 2-86959-580-8

Introduction

Ce texte constitue un chapitre extrait d'un livre publié en 1997 sous le titre : *Une politique de civilisation.* Sami Naïr et moi-même en fûmes les auteurs, nous partageant la rédaction des chapitres.

Ce texte est séparable des autres chapitres parce qu'il correspond à un noyau de problèmes déjà envisagés isolément dans un article.

Il traite de problèmes dont nous faisons l'expérience quotidienne, qui concernent notre vécu concret. Il s'agit des déficiences et des carences de notre civilisation, et par-là même, il s'agit de nos besoins et de nos aspirations, qui ne sont pas seulement monétaires.

Il s'agit en somme de régénérer complémentairement la vie sociale, la vie politique et la vie individuelle.

Il y a d'innombrables mouvements régénérateurs dans les campagnes, les quartiers, un peu partout dans le pays, mais ces mouvements sont isolés, dispersés. Nulle instance politique ne songe à les relier, ni à prendre en charge leur message.

D'où notre idée que la régénération de la vie sociale, de la vie quotidienne, doit entrer dans la politique en même temps que la politique doit entrer en elle.

On voit bien comment, en deux ou trois décennies, l'écologie, qui semblait hors politique, est entrée dans la considération politique et a commencé – insuffisamment – à la transformer. De même, bien des problèmes – mal-être, malaises, insatisfactions –, qui semblent relever seulement des vies individuelles, doivent entrer dans la politique, sans cesser d'être individuels, mais en mobilisant les individus-citoyens pour les traiter.

Civiliser la part barbare de notre civilisation fut une aspiration fondamentale de la République et du socialisme ; le problème se pose en termes nouveaux non seulement parce qu'enrichi de l'expérience des échecs du communisme et des insuffisances de la social-démocratie, mais parce qu'il est posé dans des conditions nouvelles de crise profonde de civilisation.

D'où le texte ci-dessous, qui indique non un programme, ni un projet de société, mais une voie.

Ce texte séparé est en même temps inséparable, pour prendre sens, d'une réforme intellectuelle et d'une refondation politique.

Réforme intellectuelle : nos esprits sont formés selon une conception qui sépare les connaissances, les isole les unes des autres en les compartimentant, privilégie la connaissance fondée sur le calcul – qui ignore le non calculable, c'est-à-dire la vie, la souffrance, l'amour, le bonheur, le malheur – et met la politique à la remorque du calcul économique. On vit dans la fragmentation des problèmes et dans l'au jour le jour, en sorte qu'il est impossible de concevoir les problèmes fondamentaux et les problèmes globaux.

Refondation politique : il s'agit de fonder une « anthropolitique » et une politique planétaire ; je me suis souvent exprimé là-dessus, notamment dans mon *Introduction à un politique de l'homme*, *Terre Patrie*, et dans le premier chapitre du livre *Une politique de civilisation* : « À la recherche des fondements perdus ».

Un système qui n'a pas en lui les moyens de traiter ses problèmes est condamné soit à la régression, voire à la mort, soit, en se dépassant lui-même, à la métamorphose.

En refusant la régression, en résistant à la mort, œuvrons pour la métamorphose.

Les gigantesques défis

Les développements de notre civilisation en menacent les fondements.

Une civilisation étant définie par l'ensemble de ses constituants matériels, techniques, cognitifs, scientifiques, ses carences et ses perversions sont d'autant plus difficiles à comprendre que nous savons bien que les conforts, le bien-être, l'élévation du niveau de vie, l'augmentation de la durée de vie, les protections sociales, les progrès de l'hygiène, les libertés et loisirs de la vie privée, les salles de bains, réfrigérateurs, téléphones, télévision, TGV, avions sont des conquêtes de notre civilisation, auxquelles aspirent ceux qui en sont dépourvus.

Nous voyons des exclus, des banlieues pourries, des ghettos, des bidonvilles, des zones d'insécurité dans nos villes les plus modernes, et, désormais, des chômeurs, mais on pense que ceux-ci sont encore temporairement marginalisés ; on croit que notre civilisation pourra progressivement les inclure, et on ne songe pas qu'ils subissent de façon intensifiée les conséquences de cette civilisation. De toutes façons, chaque civilisation comporte ses zones marginales d'anomie, ses sous-sols de violence, délinquance ou crime, et on peut penser qu'il s'agit d'un phénomène sociologique de caractère général et non d'un problème spécifique à notre civilisation policée et urbanisée.

Toutefois, des voix discordantes n'ont cessé, tout au long des développements de notre modernité, d'en dénoncer les effets négatifs. Ce furent d'abord les réactionnaires, qui dénonçaient la désintégration de la tradition, de l'ordre, de la hiérarchie hérités du passé. Puis il y eut ceux qui, comme Marx, voyaient à la fois la destruction des valeurs communautaires, des relations de personne à personne, la transformation en marchandise de la force du travail, le déchaînement de l'exploitation capitaliste, mais, en contrepartie, décelaient dans ce déchaînement la condition d'une révolution prolétarienne qui abolirait l'exploitation de l'homme par l'homme. Profondément, Marx rejoignait les chantres du progrès, pour qui la science, la technique, l'industrie portaient dans leur développement même la promesse de l'épanouissement humain.

La vision complexe ne peut occulter la gravité des problèmes et menaces nés de notre civilisation. Partout les progrès des sciences, des techniques, de l'économie, de l'urbanisation, de la bureaucratie et même de l'individualisme, qui semblaient être à la fois les moteurs et les effets d'un progrès historique généralisé, révèlent leurs ambivalences.

Les solutions sont devenues problèmes dans le monde dit développé ; elles le deviendront dans le reste du monde et aggraveront les problèmes mondiaux.

Sans le savoir, nous avons peut-être franchi les seuils au-delà desquels les sous-produits néfastes des processus bienfaisants devenaient les produits principaux. Nous pouvons supposer que l'extension des mégapoles et de l'industrialisation ne peut être illimitée, et que, si les processus ne sont pas décélérés ou modifiés, ils conduiront à des catastrophes irréversibles. D'où la nécessité de remplacer quantité par qualité.

Les maux de civilisation

Au sein de la civilisation occidentale, l'élévation du niveau de la vie est gangrenée par l'abaissement de la qualité de la vie.

Le mal-être parasite le bien-être.

Un problème de fond est donc posé par et pour ce qui semblait devoir apporter un progrès généralisé et irréversible de civilisation. Au-delà du malaise dans laquelle, selon Freud, toute civilisation développe en elle les ferments de sa propre destruction, des symptômes spécifiques à la nôtre sont apparus, creusant un nouveau mal de civilisation.

Essayons de voir comment la conjonction des développements urbains, techniques, bureaucratiques, industriels, capitalistes, individualistes ronge de l'intérieur la civilisation que cette même conjonction a produite et épanouie ; comment, en quelque sorte, s'est développé l'envers négatif des bienfaits dont nous continuons à jouir.

Les maux de notre civilisation sont ceux qu'ont fait effectivement apparaître l'envers de l'individualisation, de la technicisation, de la monétarisation, du développement, du bien-être.

Ainsi *la technique* est ce qui permet aux humains d'asservir les énergies naturelles. Mais c'est aussi ce qui permet d'asservir les humains à la logique déterministe, mécaniste, spécialisée, chronométrée de la machine artificielle. Elle impose, dans des secteurs de plus en plus étendus de la vie humaine, cette logique de la machine artificielle, et elle substitue la coexistence anonyme aux communications de personne à personne. La logique de la machine industrielle dans les entreprises, les bureaux, la vie urbaine, les loisirs impose des critères standardisés et impersonnels qui nuisent aux convivialités.

L'essor des nouvelles techniques, notamment informatiques, provoque perturbations économiques et chômage, alors qu'il pourrait devenir libérateur, à condition d'accompagner la mutation technique par une mutation sociale. La logique de la machine artificielle, qui a déjà supprimé les concierges, les sergents de quartier, les préposés aux gares, aux trains, aux métros, aux péages d'autoroute, aux parkings, tend à faire de la vie sociale une gigantesque machine automatique.

Le développement *industriel* apporte l'élévation des niveaux de vie en produisant en masse, et à des prix de plus en plus accessibles, ses produits d'usage et de consommation. Mais ce développement, qui semblait providentiel à la fin du siècle passé, fait désormais peser deux menaces sur les sociétés et les êtres humains : l'une, extérieure, vient de la dégradation écologique des milieux de vie ; l'autre, intérieure, vient de la dégradation des qualités de vie.

De plus, la course à la croissance dans le cadre élargi de l'économie mondialisée s'effectue au prix du sacrifice de tout ce qui n'obéit pas à la logique de la compétition.

Le développement capitaliste a entraîné le développement des productions, des échanges, des communications, mais il a entraîné la marchandisation généralisée, y compris là où régnaient les entraides, les solidarités, les biens communs non monétaires, détruisant ainsi de nombreux tissus de convivialité. Le marché privilégie en toutes occasions le calcul d'intérêt et désolidarise d'autant. L'envers de la monétarisation, c'est la nécessité de sommes croissantes d'argent pour seulement survivre, et le rétrécissement de la part du service gratuit, du don, c'est-à-dire de l'amitié et de la fraternité.

Les développements économiques et étatiques ont suscité et favorisé la formation d'énormes machineries technobureaucratiques qui, d'une part, dominent et écrasent tout ce qui est individuel, singulier, concret, et d'autre part produisent de l'irresponsabilité. L'affaire du sang contaminé est un cas exemplaire où se concentrent les carences et méfaits d'une organisation techno-bureaucratique-scientifique où, de plus, le sang devient une marchandise soumise à la rentabilité économique.

Le développement urbain n'a pas apporté seulement épanouissements individuels, libertés et loisirs, mais aussi la perte des anciennes solidarités et la servitude de contraintes organisationnelles pesant sur la vie quotidienne (métro-boulot-dodo). La cité, unité organique pour les citoyens, devient la ville, milieu de vie pour citadins, et la ville devient l'agglomération, ensemble informe pour populations.

Le tissu urbain se disloque, et la ville subit de plus en plus les dommages de l'anonymisation. Les immenses villes-bureaux, les banlieues-dortoirs s'étendent, au détriment des quartiers. Aux lieux de rencontre entre citoyens (bistrots, petits commerces, squares), succèdent les non-lieux de passage des usagers. Après la disparition des fontaines, des lavoirs, des chevaux, il y eut le dépérissement des quartiers, la compartimentation dans les grands ensembles, la hâte, le stress. Les concierges disparaissent, remplacés, dans les grands ensembles immobiliers seulement, par des gardiens. Les *cerbères* remplacent les *pipelettes*. Le petit commerce de proximité disparaît lentement, sauvé seulement, ici et là à Paris, par des Nord-Africains. Le surgelé et les grandes surfaces, plus le télé-achat, diminuent les occasions d'échanges dans les rues commerçantes et détruisent les relations de confiance entre fournisseurs et clients, ainsi que les menus propos et petits potins de quartier. « L'essence communautaire de la ville est en passe d'être mentalement rayée de la pensée et de la sensibilité humaine », dit Michel de Sablet[1]. À cela, s'ajoute l'asphyxie par la circulation automobile qui elle-même contribue à l'étouffement de la sociabilité, à l'irritabilité des esprits et des poumons.

L'individualisation est à la fois cause et effet des autonomies, libertés et responsabilités personnelles, mais elle a pour envers la dégradation des anciennes solidarités, l'atomisation des personnes, l'affaiblissement du sens de la responsabilité envers autrui, l'égocentrisme et, tendanciellement, ce qu'on a pu appeler la *métastase de l'ego*.

Levine parle de la *déliaison* entre famille et école, parents et enfants (le nourrisson d'abord couvé, puis placé à la crèche), la déliaison entre les savoirs, la perte du dialogue avec soi-même, le déverrouillage du *ça*, la disjonction *surmoi-*

1. *Des Espaces urbains*, Le Moniteur, Paris, 1991.

moi-ça. Il y a crise dans la relation fondamentale entre l'individu et sa société, l'individu et sa famille, l'individu et lui-même.

La grande famille s'est désintégrée au profit du couple-*nucleus* à un/deux enfants, les solidarités de village ou de voisinage se sont effritées, les solidarités régionales sont très affaiblies, la solidarité nationale, qui a toujours eu besoin de la menace vitale de l'ennemi « héréditaire », s'est endormie, la protection mutuelle est laissée entre les mains des administrations nationales, déchargeant chacun de toute responsabilité ou initiative.

La dissolution des solidarités traditionnelles n'a pas suscité pour autant la formation de nouvelles solidarités autres que bureaucratiques. Certes l'État assume de plus en plus des fonctions de solidarité, mais de façon anonyme, impersonnelle, tardive. Il est devenu, selon l'expression d'Octavio Paz, un « ogre philanthropique ». L'État assistantiel est de plus en plus indispensable et contribue à la dégradation de solidarités concrètes, sans pour autant répondre aux problèmes de plus en plus criants de la solidarité sociale.

Certes le cocon de la famille nucléaire tend à se refermer de façon protectrice, mais il est également en crise avec la fragilité du mariage, l'errance des amours. Aussi s'accroissent et s'aggravent les solitudes dans toutes les classes de la société, plus affreuses là où il y a pauvreté.

Le mal-être du bien-être

Aussi un mal-être se développe avec le bien-être. Comme le fait remarquer Philippe Saint-Marc, le pouvoir d'achat a triplé de 1960 à 1990, mais cette réussite économique spectaculaire est humainement chèrement payée. René Lenoir évoque « l'effondrement du comportement d'un grand nombre de personnes, que traduit la consommation effrénée de psychotropes et antidépresseurs (multiplication par six en vingt-cinq ans), et l'accroissement des soins en psychiatrie (huit cent mille personnes) ». De 1962 à nos jours, il y a eu multiplication par trois du nombre des suicides et des hospitalisations psychiatriques, et par six de la consommation de tranquillisants. Le total des dépenses « courantes » de santé est passé, de 1980 à 1991, de deux cent vingt-sept milliards à six cent quarante-cinq milliards. Et la France, pays du bien-vivre, est devenu le pays du mal-dormir, où se consomme le plus de tranquillisants.

La plupart des maladies ont trois entrées : somatique, psychique, et une troisième qui est sociale et civilisationnelle. La preuve du caractère socio-psycho-somatique de bien des maux a été fournie au cours de la première quinzaine de mai 68, quand les cabinets de psychothérapeutes, psychanalystes, généralistes, gourous se sont brusquement vidés, dans l'euphorie généralisée, la paralysie de l'ordre social, la communication joyeuse entre chacun et tous, jusqu'à ce que, avec le rétablissement de l'ordre, réapparaissent les ulcères d'estomac, maux de tête, insomnies, nausées, déprimes. Comme le dit *Time Magazine* (24 juin 1996), soixante à quatre-vingt-dix pour cent des consultations chez le docteur relèvent des interactions *mind-body* (psychosomatiques). Le stress et le genre de vie dans nos civilisations jouent un rôle dans les maux chroniques – comme les tensions sanguines élevées, lumbagos, sciatiques, arthritisme, dépressions –, et les maladies aiguës devenues chroniques – comme le cancer et le sida. La *high tech medecine,* tout en accomplissant d'admirables réussites (greffes du foie, des reins, du cœur, réparation des blessures de guerre ou d'accident, refoulement de nombreuses maladies infectieuses), souffre et fait souffrir d'hyperspécialisation les patients dont on considère les organes séparément de leur organisme, et leur organisme séparément de leur être global, à la fois biologique, psychique et social. Aussi, bien des maux considérés comme purement privés, et contre lesquels chacun lutte de façon privée, sont-ils des indicateurs du mal-être d'une civilisation, et ils doivent ouvrir une problématique politique dans une politique de civilisation.

Bien des problèmes existentiels naissent sur un tuf de civilisation, comme le sentiment d'un divorce entre l'âme et le corps, la perte du contrôle de son propre corps. Il est frappant qu'une enquête sur les vœux des Américains pour l'année 96 indique que nombreux sont ceux qui souhaitent « maigrir », révélant ainsi que leur corps échappe désormais à toute régulation mentale. Le recours aux diverses gymnastiques, joggings, aérobics, l'appel aux yogis, psychanalystes, psychothérapeutes traduisent un manque, un besoin de trouver une conciliation et une harmonie entre l'être psychique et l'être physique.

Le mal-être général est diffus, intermittent, diversement vécu. Mais les problèmes de la jeunesse et de la vieillesse le révèlent sous une forme intensifiée. Prenons en exemple le mal des banlieues, qui est localisé topographiquement, sociologiquement et générationnellement – il touche surtout les adolescents. Il se développe sans doute dans une sorte d'univers extérieur à l'univers dit normal, et demande des solutions spécifiques, locales... Cependant, ce que vit l'adolescent des banlieues constitue l'expression locale et périphérique du mal général et diffus. Il faudrait voir le mal des banlieues comme un indicateur paroxystique d'un mal beaucoup plus général. La désintégration de la famille y est portée à l'extrême, et seule la bande ou le gang rétablissent une solidarité ailleurs brisée. La *déliaison* entre le moi, le ça et le surmoi y est devenue *disjonction.* L'adolescent est le maillon faible de la société : il sort du cocon de l'enfance, il aspire à la pleine existence, il n'est pas encore intégré dans le monde adulte du travail, et en lui fermentent aspirations, révoltes, angoisses : la croissance des tentatives de suicide, de l'usage des drogues, des troubles alimentaires est un signe de détresse[1]. L'adolescence est le maillon où les faiblesses de l'ensemble de la chaîne sociale atteignent leur point de rupture. Ainsi les problèmes périphériques ont une signification centrale. L'adolescent porte en lui, d'une façon intensifiée, les problèmes de notre civilisation.

Si la révolte de la jeunesse, en mai 68, a cru trouver la réponse à ses maux, c'est qu'elle a trouvé foi dans les promesses d'une autre vie, d'un autre monde, d'une autre société, que lui faisaient maoïstes, trotskistes et autres. Or aujourd'hui, les promesses révolutionnaires se sont effondrées, et l'espoir a disparu de la société. L'incertitude, l'angoisse peuvent devenir des maux insupportables dans un monde sans

1. Cf. Xavier Pommereau, *L'Adolescent suicidaire*, Dunod, Paris, 1996.

futur, où les individus sont atomisés. L'héroïne que s'injecte l'adolescent « paumé » est la réponse exaspérée à l'angoisse que l'adulte calme par le somnifère.

À l'autre bout de la chaîne des âges, la vieillesse subit plus fortement la solitude : le cas de Georges, si extrême soit-il, a valeur de symbole.

Au début d'août 1995, on a découvert son cadavre dans son appartement, au 5 de la rue Dampierre – immeuble banal entre un « Couscous-Grillade » et un cordonnier, dans une petite rue du XIXe arrondissement qui donne sur le canal de la Gironde. Georges, qui avait soixante-quatre ans, était habillé et allongé au pied de son lit, mort, tout seul, depuis cinq ans. Depuis 1989, la gardienne disait que Georges était à l'hôpital où il soignait un cancer. Mais Georges avait disparu de l'hôpital, et, sans que ni l'hôpital ni son immeuble ne s'en rende compte, il avait regagné son appartement. Deux ans de suite, les impôts l'ont relancé par lettre recommandée, sans insister puisqu'il n'était plus imposable en 1989. Sa ligne téléphonique a été coupée fin 89 et l'électricité en janvier 90. La régie immobilière de la ville de Paris, propriétaire de l'immeuble, a continué à prélever automatiquement les mille cinq cents francs de son loyer sur son compte où dormait une pension d'invalidité annuelle. On ne sait qui a alerté les pompiers (plus à cause de l'odeur que de l'absence), lesquels, saisis par la pestilence, ont ouvert la fenêtre et emporté le corps. Celui-ci a été autopsié, puis enterré dans l'ex-fosse commune du cimetière de Thiais. Personne n'a déclaré le décès à la mairie, et Georges demeure ignoré mort comme il le fut, vivant, à la fin de sa vie. La seule trace qui reste de lui est sa boîte aux lettres, toujours remplie de prospectus. Voilà comment, dans notre monde urbain, ne reste plus que la machinerie anonyme des bureaux, dans laquelle disparaît toute existence humaine. La réalité est capable de dépasser Kafka et Beckett.

On peut supposer que l'inconscient collectif ressent obscurément la grande menace sur l'identité, le déracinement à l'égard d'un passé perdu et l'insécurité du futur inconnu, la dégradation des qualités de vie. Et, pour beaucoup – ceux qui vivent dans les quartiers dangereux, craignent l'agression dans les transports publics ou le cambriolage chez eux –, l'insécurité de la vie quotidienne devient la fixation concrète de cette menace obscure, alors que l'angoisse de l'insécurité a des sources beaucoup plus profondes et larges.

La conjonction de l'égocentrisme – qui réduit l'horizon à son intérêt personnel –, de la spécialisation – qui dissout l'intelligence de ce qui est global – et de la compartimentation dans le travail techno-buraucratisé détermine l'affaiblissement du sens de la solidarité, lequel détermine l'affaiblissement du sens de la responsabilité.

La déresponsabilité favorise l'égocentrisme, lequel, dans la perte de la responsabilité et de la solidarité, conduit à la *démoralité* (dégradation du sens moral). La déresponsabilité et la démoralité favorisent la propagation de l'irresponsabilité et de l'immoralité.

Le progrès admirable des connaissances s'accompagne d'une régression de *la* connaissance par la domination de la pensée parcellaire et compartimentée au détriment de toute vision d'ensemble.

Ainsi les développements de notre civilisation conduisent-ils à un nouveau sous-développement intellectuel, à un nouveau sous-développement affectif – les êtres n'arrivent pas à trouver la réponse à leur besoin de communication humaine, d'amour, de communauté –, et à un nouveau sous-développement moral dans la dégradation de la responsabilité et de la solidarité.

Enfin, l'épanouissement démocratique, propre aux nations développées d'Europe occidentale d'après la Seconde Guerre mondiale, s'accompagne de régressions démocratiques : dépossession des citoyens par les experts et les techniciens, crise des « idéologies » – en fait des idéaux et projets –, dégradation du civisme sous l'effet des dégradations de la solidarité et de la responsabilité.

Le problème de notre civilisation est d'une extrême complexité, d'une part parce que cette civilisation comporte en même temps des traits exceptionnellement positifs et des traits exceptionnellement négatifs[1], dont on ne peut prédire lesquels deviendront dominants, d'autre part parce qu'elle constitue un ensemble inter-relationné en boucle, où chaque élément est à la fois produit et producteur, cause et effet, et où l'on ne peut isoler un déterminant « en dernière instance », qui permettrait à un maître-mot de tout expliquer et, par-là, de trouver aisément une solution simple.

Ainsi ce qui est en cause est beaucoup plus

1. L'automobile est au carrefour des vertus et des vices de notre civilisation. Produit typique de l'industrie, de la technique, du capitalisme, elle offre à chacun une autonomie dans l'espace, le cocon sécuritaire de la conduite intérieure, l'ivresse d'une puissance formidable que déclenche un léger mouvement de pied sur l'accélérateur. Elle est à la fois extrêmement utile et extrêmement ludique et constitue le grand jouet pour adulte de notre civilisation, ainsi que la plus belle conquête technique de l'individualisme. Et, en même temps, dans les conditions urbaines surtout, l'excès de circulation suscite l'agressivité, les embouteillages de plus en plus fréquents allant jusqu'à la saturation, un stress permanent et des émanations polluantes qui altèrent la santé des urbains.

que notre idée de modernité[1] : c'est à la fois notre idée de civilisation et notre idée de développement.

1. C'est pourquoi nous ne nous arrêtons pas, en dépit de sa pertinence partielle sur l'opposition moderne/postmoderne, car le problème est beaucoup plus radical et complexe que celui de l'épuisement de la modernité.

La difficile prise de conscience

Il est très difficile de prendre conscience du problème de civilisation, et plus encore de le poser en termes politiques.

Tout d'abord, il est très pénible de remettre en question les évidences reçues, comme la certitude du caractère positif de notre civilisation, et la certitude du progrès irréversible inhérent à son développement. Il n'est guère aisé d'effectuer un diagnostic pertinent ; il risque d'être soit trop alarmiste, soit indûment euphorique.

Notre civilisation a commencé à prendre conscience de la menace d'asphyxie physique que le développement technico-industriel nous fait courir, mais l'asphyxie psychique venant des maux de civilisation dont j'ai parlé n'est perçue que de façon individuelle et privée.

Il est quasi impossible, quand on obéit à la pensée compartimentée et parcellaire, de voir la figure d'ensemble, c'est-à-dire civilisationnelle, de problèmes qu'on conçoit disjoints et qu'au mieux on juxtapose en patchwork : chômage, exclusion, économie, fiscalité, drogue, etc., et, bien entendu, tout problème de politique de civilisation se dissout dans la conception qui réduit la politique à l'économique.

Il est quasi impossible, quand on ne considère que la performance quantitative, de percevoir que le privilège accordé au rendement détruit les paysages, dégrade les territoires et les sols, dénature la campagne et dégrade la vie urbaine.

Il est quasi impossible, quand on a subi l'*imprinting* des structures de pensée simplifiantes/mutilantes qu'on croit rationnelles, de concevoir la complexité, c'est-à-dire les ambivalences de la science, de la technique, de l'industrie, de l'urbanisation, du marché, du capitalisme, de l'État, comme de concevoir les inter-rétroactions, le caractère à la fois un, multiple et contradictoire de la nouvelle réalité. Le désarroi est aussi du côté du diagnostiqueur : les processus sont ambivalents, donc jugements et pronostics sont incertains. La complexité des problèmes, liés en nœuds gordiens mondialisés, rend très difficile la prise de conscience. L'incapacité de concevoir la complexité de notre monde rend incapable de penser une politique complexe de civilisation.

Il y a aussi un problème de temps : nous sommes dans une période d'accélération des processus. La trop grande rapidité de l'évolution contribue à empêcher notre prise de conscience : de tous temps, il y a eu retard de la conscience sur l'expérience : comme le disait Ortega Y Gasset : « Nous ne savons pas ce qui se passe, et c'est cela justement ce qui se passe. » Et Hegel : « L'oiseau de Minerve prend toujours son vol au crépuscule. » Le retard s'accentue dans un temps accéléré.

Nos comportements subissent en même temps une dispersion qui empêche toute réflexion approfondie : nous nous agitons plus que nous agissons. Et nous n'arrivons pas à prendre conscience du présent. Nous souffrons ce problème du retard inévitable de la conscience sur le vécu, accentué par la vitesse et la complexité. De plus, les processus de décomposition au sein de notre civilisation ne permettent pas de percevoir les éventuels processus de recomposition. Les sociétés complexes évoluent selon un processus de décomposition/recomposition. Comme le dit Alain Caillé : « La catastrophe est là en permanence, et [...] pourtant elle est conjurée en permanence plus ou moins bien. » Mais le processus est devenu trop rapide. Va-t-on vers une mutation, une métamorphose, une régression ?

Les résistances collaboratrices

Face à l'accroissement de la technique, de la logique de l'hyperdéveloppement, de la bureaucratisation dans les administrations comme dans les entreprises, de l'atomisation des individus que le développement technique et économique ne fait qu'accélérer, on constate que la société civile se défend en développant des contre-tendances.

La première contre-tendance se manifeste dans les résistances privées, de caractère spontané, à l'atomisation et à l'anonymisation. Ainsi les individus résistent par la multiplication des amours, la recherche des plaisirs, l'entretien des amitiés, les bandes de copains, ce que Maffesoli a appelé le *nouveau tribalisme.* Ils résistent à l'urbanisation et à la suburbanisation généralisée en multipliant week-end, sorties, vacances, au cours desquels ils changent radicalement de mode de vie et de comportements, ceux-ci devenant néo-ruraux ou néo-naturistes. En ville même, on revient aux nourritures rustiques, on s'entoure de compagnons fidèles et d'âmes aimantes sous forme d'animaux domestiques, on garnit intérieurs et balcons de plantes d'appartement. Les urbains résistent au mal-être par le recours aux médicaments, tranquillisants, gourous, yogis, et leur résistance se désespère dans la drogue et l'alcoolisme. Contre le mal des banlieues, les jeunes créent des bandes ou reconstituent une communauté. Mais ces résistances sont fragiles : les amours se brisent, les bandes se dispersent, les plaisirs s'épuisent, la sexualité libérée est frappée par le sida, les néo-naturismes, néo-archaismes, néo-ruralismes ne donnent que des rémissions périodiques.

D'autre part, l'économie de marché et le capitalisme n'apportent pas que l'homogénéisation et la massification, ils ne font pas que créer artificiellement de nouveaux désirs et de nouveaux besoins, ils se mettent au service, dès qu'il y a profit, des pulsions de recherche d'une vie intense, ludique et poétique. L'univers télévisuel ou cinématographique ne fournit la vie ludique, intense, amoureuse, aventureuse que par procuration, de façon imaginaire. Ainsi il contribue à intégrer dans notre civilisation, comme une drogue douce, les individus soumis à sa prose quotidienne. Parfois, au contraire, à des adolescents en rupture, il fournit des exemples à la *Bonny and Clyde* pour une vie ardente et aventureuse, en guerre avec la société, mais, comme dans *Bonny and Clyde,* cette guerre conduit à la mort.

Toutefois, au-delà des spectacles imaginaires fournis à profusion, les grandes compétitions sportives permettent de communier avec l'aventure hardie des as du volant ou des héros de la voile transocéane. Les grands matchs de football ou de rugby offrent l'occasion de participer, dans des stades gigantesques, ou via la télévision, aux épopées des équipes locales et nationales. Tout cela tient à la fois de la diversion, du divertissement, de l'évasion et du ressourcement mythico-imaginaire dans l'aspiration à la vie poétique, « la vraie vie », aspiration de plus en plus profonde, entretenue par notre civilisation individualiste, mais qu'en même temps celle-ci inhibe sous ses contraintes ou satisfait de façon imaginaire.

Une économie d'évasion se met au service de la recherche d'une « vraie vie » : les clubs de rencontres, de loisirs, de vacances, les agences touristiques, les gîtes ruraux s'emploient à donner les conditions de cette autre vie, au soleil de la Méditerranée ou sous celui des tropiques, à la montagne ou à la campagne, à fournir les possibilités d'accomplissement de ce qui est brimé et inhibé dans la vie quotidienne. Le club Méditerranée réussit même à créer des communautés temporaires d'où la monnaie est bannie – à condition de payer au départ le prix de l'absence de prix – et où les différences sociales s'effacent, chez les « gentils membres », sous la garde tutélaire des « gentils organisateurs ».

Plus récemment, et de façon cette fois régénératrice, une économie écologique est née et se développe, avec ses petits producteurs, ses grands distributeurs, fournissant œufs, légumes, volailles « biologiquement » garantis. De plus en plus nettement, se manifeste une résistance à la nourriture industrialisée et homogénéisée par la recherche de nourritures de terroir, de vins de propriété.

De fait, une nouvelle résistance civile est née depuis la convergence de trois prises de conscience : celle de la dégradation écologique, celle de la crise de l'emploi et celle du dépérissement des campagnes. Spontanément, des micro-tissus sociologiques se forment dans leur lutte contre le chômage, la désertification des villages, l'anonymisation de la vie. Ils œuvrent pour la qualité de la vie et la régénération de notre civilisation. Ainsi la conscience citoyenne et le sentiment solidaire comprennent mieux les problèmes que la connaissance seulement parcellaire, technique ou politicienne.

La société civile résiste. C'est souvent un phénomène de résistance collaboratrice : notre société civile résiste en collaborant au système qui perpétue ses maux tout en réussissant à en atténuer certains. C'est aussi, parfois, un phénomène de résistance régénératrice, qui porte en lui la promesse d'une réforme, voire d'une métamorphose de civilisation. Mais cette résistance est encore trop dispersée, insuffisamment mûrie. Le seuil est indiscernable et, sans doute, fluctuant entre ce qui ferait prédominer la résistance sur la collaboration, ou la collaboration sur la résistance. Aussi sommes-nous dans une époque incertaine, où une dépression cyclonale s'est formée sans pouvoir – encore – déclencher une crise de société. Nous sommes dans une situation à la fois précrisique et polycrisique. Mais aucune crise ne jaillit véritablement, mis à part quelques éruptions violentes qui permettent une évacuation temporaire des gaz volcaniques, puis leur reformation. Et ainsi les choses continuent. Elles continuent d'autant plus que, chaque fois qu'un politique s'efforce de considérer l'ampleur – c'est-à-dire la complexité des problèmes –, il ne sait que faire et recule épouvanté. Le publicitaire inspiré du parti socialiste avait ressenti, en 1980, l'aspiration à « changer la vie », mais ce parti n'a jamais pu formuler la moindre idée, la moindre suggestion dans ce sens et l'expression est devenue slogan hâbleur.

Alors que progressent les tendances dominantes, des contre-tendances sont apparues qui progressent à leur tour. Alors que les processus de dégradation de la vie urbaine et de désertification s'aggravent, de multiples résistances se manifestent et s'accroissent. Mais contre-tendances et contre-courants ne se sont pas encore rencontrés, synergisés.

Ce sont ces contre-tendances et ces résistances qu'il s'agirait de réunir en faisceau, de stimuler et d'intégrer dans une politique de civilisation. Partout jaillissent des initiatives pour régénérer le tissu social et la vie citoyenne. Mais ces initiatives sont dispersées, locales. Il faut non les systématiser mais les *systémiser*, c'est-à-dire les relier pour qu'elles constituent un tout, où solidarité, convivialité, écologie, qualité de la vie, cessant d'être perçues séparément, seraient conçues ensemble.

Nous sommes dans une période préliminaire d'un possible changement de civilisation, où les relations travail/capital, technique/administration, ville/campagne, nature/culture, vie quotidienne seraient transformées. Déjà s'annoncent de multiples débuts de transformation, mais la vraie transformation s'accomplira lorsque tous les termes s'entre-transformeront les uns les autres, opérant ainsi une transformation globale, laquelle rétroagira sur les transformations de chaque terme.

Aussi, plus important que tous les plans et projets seront les processus divers formant égrégore (synthèse d'une force collective qui contient les buts, les espoirs et les désirs de l'ensemble des individus qui s'y rattachent) et allant vers leur synergie.

Il faut les faire émerger à la politique pour qu'elles revêtent la figure d'une politique de civilisation.

Politique de civilisation

L'expression « politique de civilisation » s'est imposée à moi au début des années 80. Elle se raccorde à ce que j'ai appelé une « politique de l'homme[1] ».

Elle se veut une politique multidimensionnelle, car tous les problèmes humains ont aujourd'hui une dimension politique.

En reprenant et en développant le projet de la Révolution française, concentré dans la devise trinitaire « Liberté, Égalité, Fraternité », le socialisme proposait une politique de civilisation vouée à supprimer la barbarie des rapports humains : l'exploitation de l'homme par l'homme, l'arbitraire des pouvoirs, l'égocentrisme, l'ethnocentrisme, la cruauté, l'incompréhension. Il se vouait à une entreprise de solidarisation de la société, entreprise qui a eu

1. Cf. *Introduction à une politique de l'homme*, Points-Seuil, Paris, nouvelle édition, 1999.

certaines réussites par la voie étatique (*Welfare State*), mais qui n'a pu éviter la désolidarisation généralisée des relations entre individus et groupes dans la civilisation urbaine moderne.

Le socialisme s'était voué à la démocratisation de tout le tissu de la vie sociale ; sa version « soviétique » a supprimé toute démocratie, et sa version social-démocrate n'a pu empêcher les régressions démocratiques qui, pour des raisons diverses, rongent nos civilisations de l'intérieur.

Ce projet de politique de civilisation, qui était le projet initial du socialisme, s'est donc trouvé soit trahi et inversé, soit effiloché.

La politique de civilisation reprend l'aspiration à plus de communauté, de fraternité et de liberté, qui fut à la source du socialisme au siècle dernier, tout en y reconnaissant, cette fois, la difficulté anthropologique et sociologique. Aujourd'hui, l'aspiration est moins naïve, mais son ampleur incite à une œuvre historique de longue haleine, qui devrait se confondre avec l'aventure humaine : c'est une tâche essentielle pour améliorer les relations entre humains, depuis les relations interpersonnelles jusqu'aux relations à l'échelle de la planète.

Aujourd'hui, on isole les problèmes du chômage, de l'emploi, de l'exclusion hors de leur contexte et on prétend les traiter à partir d'une logique économique close. Il faut au contraire les considérer au sein d'une grande problématique de société et partir des besoins de civilisation qui, d'eux-mêmes, exigent de nouveaux emplois. Il ne suffit pas de partir d'un « social » qui mettrait entre parenthèse le civilisationnel.

Bien entendu, il ne s'agit pas, à l'inverse, de réduire ni de dissoudre toute politique dans la politique de civilisation ; les problèmes classiques de gouvernement demeurent, mais ils y sont désormais liés.

Bien entendu également, une politique de civilisation doit développer et utiliser tous les aspects positifs des sciences, des techniques, de l'État, du capitalisme, de l'individualisme, etc. Il s'agit d'investir sur la recherche et sur la mise en action des énergies douces (solaires, éoliennes), de promouvoir les voitures électriques ou semi-électriques, de miser sur de nouvelles méthodes bioécologiques ou biogénétiques pour assainir les cultures, de miser sur les nouvelles générations d'ordinateurs intelligents, capables de modifier leurs logiciels ; en bref, nous devons envisager et encourager un nouvel âge de la technique, où celle-ci dépasserait son âge barbare actuel (mécanique, déterministe, hyperspécialisé, chronométré), qui, en permettant son humanisation, permettrait, via la réhumanisation des administrations et des entreprises, la réhumanisation de la vie quotidienne.

Enfin, si nous partons des problèmes français,

pas de méfiance ds la science

nous ne devons oublier ni leur singularité, ni leur généralité : les problèmes fondamentaux de civilisation qui affectent la France sont aussi ceux de l'Europe et, plus largement, ce sont les problèmes qui, dans le monde, se trouvent posés partout où il y a eu « développement » – c'est-à-dire développement de notre civilisation –, et ils se poseront tôt ou tard partout où on est « en cours de développement ».

Les impératifs d'une politique de civilisation

Nous pouvons maintenant formuler les impératifs d'une politique de civilisation :

– Solidariser (contre l'atomisation et la compartimentation) ;

– Ressourcer (contre l'anonymisation) ;

– Convivialiser (contre la dégradation de la qualité de vie) ;

– Moraliser (contre l'irresponsabilité et l'égocentrisme).

Une politique de solidarité

Tout d'abord, la prise de conscience du problème de la solidarité conduit à la volonté de sortir ce problème des bas-fonds infrapolitiques où il est refoulé, et d'en faire un problème politique central.

La solidarité anonyme de l'État-providence,

avec ses sécurités et assurances de tous ordres, est insuffisante. Il y a un besoin de solidarité concrète et vécue, de personne à personne, de groupes à personne, de personne à groupes. Il y a en chacun et en tous un potentiel de solidarité qui se révèle dans des circonstances exceptionnelles, et il y a chez une minorité une pulsion altruiste permanente. Il ne s'agit donc pas de promulguer la solidarité, mais de libérer la force inemployée des bonnes volontés et de favoriser les actions de solidarité.

Comme le disait Vaclav Havel : « Je ne cesse d'avoir de nouvelles preuves qu'un grand potentiel de bonne volonté sommeille en nous. Celle-ci n'est qu'atomisée, intimidée, piégée, paralysée et désemparée... Dans cette situation il est du devoir des hommes politiques de ramener à la vie ce potentiel timide et sommeillant, de lui proposer une voie, de lui frayer un passage, de lui redonner assurance, possibilité de se réaliser. »

J'ai suggéré d'expérimenter des « maisons de solidarité », qui pourraient être généralisées dans villes et quartiers[1] ; elles comporteraient un

1. Il y a dans nos sociétés environ dix pour cent de la population qui ressent la pulsion militante du dévouement à autrui. Quelques-uns de ces dévoués ont perdu leur cause en perdant leur foi dans la révolution ; d'autres ont échoué dans leurs tentatives de convivialité/communauté à l'échelle des grands ensembles, villes nouvelles, etc. Cette minorité serait

Crisis Center, centre d'accueil pour les besoins moraux urgents, et un corps de volontaires et professionnels, disponibles en permanence pour tous besoins autres que ceux du Samu ou de Police secours. Dans cette logique, on pourrait

---

d'autant plus disponible pour des actions solidaires concrètes qu'elle a pris conscience des erreurs ou mensonges des anciennes militances. De plus, il y a des sources inattendues de solidarité. On a pu le constater il y a quelques années dans les villes les plus violentes et atomisées des États-Unis : c'est spontanément que se sont constituées des cohortes d'« anges », adolescents s'unissant non dans des gangs, mais dans des groupements de secours aux agressés, aux démunis et aux malheureux. Il y a donc un vivier riche de bonnes volontés dans la société civile ; il s'agirait de favoriser leur éveil là où elles dorment, de contribuer à leur développement là où elles apparaissent. Il existe déjà, sur le mode public, subventionné ou privé (comme SOS-Amitié), des services solidaristes multiples et multiformes, qu'il serait très possible de regrouper et de développer en un lieu qui serait propre à la solidarité. Dès lors, on pourrait envisager l'institution, dans les grandes villes de France, de maisons de la Solidarité, où seraient localisés pour un secteur précis tous les services publics et privés d'aide existants, où seraient créés de nouveaux services, comme à l'image des Crisis Centers californiens, voués à sauver du naufrage les victimes d'overdose, non seulement de drogue, mais de malheur quel qu'il soit, initiatives bénévoles auxquelles collaboreraient médecins, infirmiers, ex-drogués. De telles maisons seraient dotées de dispositifs d'alerte qui, loin de se substituer aux services hospitaliers ou policiers, les stimuleraient dans les urgences. Ce seraient des lieux d'initiatives et de médiations, d'information et de mobilisation permanente. Sur la « politique de solidarité », voir *Un nouveau commencement*, par E. Morin, G. Bocchi, M. Ceruti, Seuil, 1991, pp. 196-199.

disposer d'agents solidaristes dans chaque administration, en tous lieux stratégiques.

En même temps, on pourrait favoriser une « économie solidaire », qui prolongerait sous de nouvelles formes l'économie mutualiste : initiatives s'appuyant sur des solidarités locales ou, à l'inverse, suscitant ces solidarités ; formation de coopératives et d'associations sans but lucratif pour assurer des services sociaux de proximité.

On peut envisager de prolonger ce qui a été commencé spontanément par des soldats français de la Forpronu à Sarajevo, en transformant progressivement le service militaire en service civil d'assistance-solidarité aux malheurs intérieurs et extérieurs (Europe, Afrique).

Une société ne peut progresser en complexité que si elle progresse en solidarité : en effet, la complexité croissante comporte des libertés croissantes, des possibilités d'initiative accrues, des possibilités aussi bien fécondes que destructrices et génératrices de désordre. L'extrême désordre cesse d'être fécond. Il devient même principalement destructeur, et l'extrême complexité se dégrade alors en désintégration du tout en éléments disjoints. Le retour des contraintes peut évidemment maintenir la cohésion de l'ensemble, mais au détriment de la complexité ; la seule solution intégratrice favorable à la complexité est le développement de la solidarité véritable, non pas imposée, mais intérieurement ressentie et vécue comme fraternité. La formule de Solidarnosc vaut dans ce sens : « Pas de liberté sans solidarité ».

Une politique de qualité de la vie

La qualité de la vie se traduit par du bien-être dans le sens existentiel et non seulement dans le sens matériel. Elle implique la qualité des communications avec autrui, et des participations affectives et affectueuses. Bien entendu, la politique ne peut créer ce qui est vécu et ressenti existentiellement. Il faut même cesser de croire que le but de la politique soit le bonheur – idée formulée dans la constitution des États-Unis et reprise par Saint-Just. Elle peut et doit éliminer les causes publiques de malheur (guerre, famine, persécutions), mais ne peut créer le bonheur.

La politique de civilisation ne peut créer la qualité de la vie, mais elle doit agir sur ses aspects sociaux et civilisationnels. Elle doit viser à aider, prolonger, approfondir la résistance spontanée de « la société civile » pour la qualité de la vie. La qualité de la vie a plusieurs entrées. L'une, écologique, est désormais reconnue ; l'autre, conviviale, a été posée il y a plus de trente ans par Illitch, mais son message a été oublié. La politique écologique est une composante de la politique de convivialité, mais elle n'en est pas le tout. La convivialité comprend les cordialités de personne à personne, le partage et la participation aux jouissances, plaisirs et souffrances d'autrui – voisin, proche, visiteur. La lutte contre l'atomisation, l'anonymisation, la techno-bureaucratisation est en elle-même lutte pour l'instauration ou la restauration de la convivialité.

Mieux : il faut restituer la vertu de sa source surréaliste à l'expression « changer la vie ». Vouloir changer la vie, ce n'est pas seulement permettre à la vie de résister à l'asphyxie des contraintes, solitudes et servitudes, c'est aussi permettre à la vie d'exprimer ses qualités poétiques en empêchant l'envahissement gris de la prose. Hölderlin disait que l'homme habite poétiquement la Terre. Il faut complexifier sa parole et dire : prosaïquement et poétiquement l'homme habite la Terre. La vie humaine est tissée de prose et de poésie. La vie prosaïque est faite de tâches pratiques, utilitaires, techniques, rationnelles, empiriques. La poésie – définie anthropologiquement et non plus seulement littérairement – est une façon de vivre dans la participation, l'amour, la jouissance, la ferveur, l'admiration, la communion, l'exaltation, le rite, la fête, l'ivresse, la danse, le chant, la musique, la liesse, et elle culmine en extase. L'état poétique est l'état « second », qui existentiellement est toujours premier.

L'état prosaïque et l'état poétique sont nos deux polarités, nécessaires l'une à l'autre : s'il n'y avait pas de prose, il n'y aurait pas de poésie. L'un nous met en situation utilitaire et fonctionnelle, et sa finalité est utilitaire et fonctionnelle. L'autre peut être lié à des finalités amoureuses ou fraternitaires, mais il a aussi sa finalité propre en soi-même. Vivre poétiquement, c'est vivre pour vivre. Il est vain de rêver d'un état poétique permanent, lequel, du reste, s'affadirait de lui-même, et risquerait de ressusciter d'une autre façon les illusions du salut terrestre. Nous sommes voués à la complémentarité et à l'alternance poésie/prose.

Nous avons vitalement besoin de prose, puisque les activités prosaïques nous font survivre. Mais aujourd'hui, sur Terre, les humains passent la plus grande partie de leur temps soit à survivre, soit à vivre de façon machinale. En cette fin de millénaire, l'hyperprose a progressé, avec l'invasion de la logique de la machine artificielle sur tous les secteurs de la vie, l'hypertrophie du monde techno-bureaucratique, les débordements du temps, à la fois chronométrisé, surchargé et stressé, aux dépens du temps naturel de chacun. La trahison et l'effondrement de l'espoir poétique de la Révolution ont répandu une grande nappe de prose sur le monde. Tandis qu'un peu partout, sur les ruines de la promesse poétique de changer la vie, les ressourcements ethniques et religieux s'efforcent de régénérer les poésies de la participation communautaire, la prose de l'éconocratisme et du technocratisme triomphe dans le monde occidental ; pour un temps, sans doute, mais c'est le temps de notre présent.

Dans ces conditions, l'invasion de l'hyperprose nécessite une contre-offensive puissante de poésie, qui elle-même irait de pair avec la renaissance fraternitaire. Or, si elle ne doit plus assumer le rêve d'éliminer la prose du monde en réalisant le bonheur sur Terre, la politique ne doit pas s'enfermer dans la prosaïté. C'est dire que la politique n'a pas pour seule visée la « société industrielle évoluée », la « société post-industrielle » ou le « progrès technique ». La politique de civilisation nécessite la pleine conscience des besoins poétiques de l'être humain.

La « vraie vie est absente » là où il n'y a plus que prose. La notion de travail correspond à la prosaïsation des occupations productrices. La notion de travail devrait dépérir au profit de la notion d'activité, laquelle combine l'intérêt, l'engagement subjectif, la passion, voire la créativité, c'est-à-dire la qualité poétique : ainsi les activités politiques, culturelles, artistiques, solidaires ont toutes une dimension poétique. Étant donné que les robots et ordinateurs chassent les emplois humains, que les nouvelles technologies créent moins d'emplois qu'elles n'en détruisent, la révolution technologique en cours doit inciter à la réduction continue du travail au profit d'activités civiques, d'activités culturelles, de la vie personnelle. L'abaissement de la durée de travail à trente heures permettrait de reconstituer une vie familiale et une vie privée. La diminution du travail mécanisé, parcellaire, chronométrisé au profit d'activités responsables et ingénieuses, apparaîtra de plus en plus nécessaire au cours du développement d'une politique de civilisation, mais elle nécessitera une révolution dans la logique qui gouverne nos sociétés, et cette révolution ne peut se faire dans un seul pays. Elle concerne l'ensemble des pays techniquement développés, et ce serait à l'Union européenne d'en prendre l'initiative... De toute façon, la politique de civilisation doit inscrire dans sa perspective historique la transformation du travail en activité, en même temps que la diminution de l'activisme. Elle introduirait dans la vie une part de *farniente* (la « paresse » au sens de Lafargue) et de méditation.

Ressourcer, réenraciner

L'homogénéisation, la standardisation, l'anonymisation tendent à détruire les diversités culturelles et à faire perdre les racines. La crise du progrès et la crise du futur, les incertitudes du lendemain tendent à réduire le vivre à un *au jour le jour* angoissé. Le présent n'est plus nourri par le futur. Il y a un besoin de ressourcement, de réenracinement, qu'il faut comprendre. Le ressourcement identitaire est la tendance mondiale généralisée de la crise de la fin du millénaire.

Il y a partout une angoisse diffuse, mais réelle, de la perte du sol. Il faut retrouver sa terre, et le mot ici est très riche, car il signifie non seulement la terre de France, aujourd'hui menacée par de multiples dégradations, mais aussi la planète Terre, dont nous sommes les enfants et que nous devons sauvegarder dans sa diversité vivante et humaine.

Le ressourcement que nous suggérons combine le ressourcement français, le ressourcement européen et le ressourcement terrien.

Le ressourcement français n'est nullement synonyme de repliement nationaliste, ni de refus de l'Europe. Tout ce qui veut préserver une individualité, une singularité et une identité comporte un dispositif de protection immunologique. Mais il faut opposer la pathologie immunologique – qui rejette tout, y compris les vitamines et les sucs nourriciers venant de l'extérieur, et qui caractérise le nationalisme clos – à la vertu immunologique, qui combine ouverture et fermeture, et qui est le patriotisme.

Pour éviter la refermeture nationaliste, il faudrait non plus promettre un progrès de plus en plus creux, mais assumer à la française le ressourcement identitaire. Sinon celui-ci s'opérera dans la fermeture et le désir d'intégration ira vers les intégrismes religieux, ethniques, nationalistes.

Il y a deux façons de retrouver la foi de la nation en elle-même. L'une est dans la fermeture nationaliste, l'autre dans le patriotisme et l'ouverture.

Le ressourcement français peut et doit être patriotique, républicain et européen. À la source de la France, il y a le processus multiséculaire de la francisation d'ethnies hétérogènes devenant provinces, jusqu'à ce que celles-ci se reconnaissent, le 14 juillet 1790, comme composantes volontaires de la « grande nation ». Le processus de francisation a continué à partir de la fin du siècle dernier par l'intégration de vagues successives d'immigrés. La continuation de l'intégration d'étrangers est un des aspects de la fidélité de la France à elle-même. Le ressourcement dans la République est le ressourcement dans le principe où l'identité française introduit quasi génétiquement en elle-même l'idée universaliste des droits de l'homme. Dans ce sens, le ressourcement français permet l'autoaffirmation de la France dans sa singularité, et son principe universaliste ouvert permet une volonté d'autoaffirmation européenne, où l'Europe est une réponse vitale aux défis de l'ère planétaire, tout en formant un exemple universel d'association pour affronter la crise planétaire.

Le patriotisme français et l'européisme ne doivent pas être opposés, mais liés. L'Europe métanationale doit être l'Europe des patries, de même que les patries métaprovinciales doivent sauvegarder l'identité de leurs régions.

Enfin, le ressourcement républicain aurait besoin de mettre en son centre, à la fois comme exigence éthique et exigence politique, le principe de solidarité, troisième terme de la trinité « Liberté, Égalité, Fraternité ».

En dépit et à cause des difficultés qu'elle rencontre, la France doit régénérer sa propre nature. La fin de l'exception française serait une dégradation. En revanche, en se ressourçant en elle-même, la France pourrait proposer à l'Europe le grand dessein d'une politique de civilisation qui, pour chaque peuple, favoriserait le ressourcement non plus fermé, ni agressif, mais ouvert et communicatif.

Il ne faut pas nous déshexagonaliser, mais toujours nous contextualiser et nous situer dans le global.

La politique de régénération

Solidariser, convivialiser, ressourcer, ces trois impératifs peuvent trouver une expression désormais territoriale et économique.

Territorialement, il s'agit de résister à la déshumanisation des villes et des campagnes.

Économiquement, l'écologie est déjà devenue vitale et rentable. La qualité de la vie doit à son tour devenir vitale et rentable. On peut maintenant essayer d'envisager des métiers et emplois pour réduire le désert mécanisé, le désert déconvivialisé, le désert rural. On peut maintenant envisager la transformation des agglomérations en cités, et la régénération des bourgs et villages.

N'oublions pas que les contre-tendances que nous avons citées précédemment (néo-archaïsme, néo-naturisme, néo-ruralisme) se sont progressivement prolongées et amplifiées. L'exode urbain commence à supplanter l'exode rural. Les jeunes générations écologisées, les sans-emploi commencent à ouvrir de petites exploitations biologiques, à reprendre des commerces abandonnés, à installer des ateliers artisanaux. Corrélativement, les demandes de qualité de la vie et de convivialité, jointes aux soucis de santé, créent une quête pour les produits diététiques, gastronomiques, artisanaux. Le besoin de produits de terroirs va continuer à s'accroître dans les villes.

On peut désormais élaborer conjointement une politique de régénération des campagnes et une nouvelle politique agricole (NPA), au service de la production de qualité et, corrélativement, au service de la santé publique.

Une politique de régénération des campagnes encouragerait par aides et protections les exodes urbains (fuir le stress, la pollution, les nuisances), le maintien ou la reprise des petits commerces[1], et animerait les recolonisations des bourgs et villages, y compris des villages morts, et cela de façon d'autant plus aisée que l'on compte trois cent mille logements ruraux vacants. Elle aiderait au développement des gîtes ruraux et du tourisme agro-gastronomique, qui fournirait aux producteurs les ressources supplémentaires qui leur manquent. La régénération des campagnes entraînerait la création de parcs

1. Exemple à Gandelain, Orne, la commune rachète une épicerie qui allait fermer pour la louer à un repreneur (*Ouest-France* du 2 juin 1996).

naturels, comme celui de Montesinho, au Portugal, qui permet non seulement la protection d'une flore et d'une faune très variées, mais aussi le maintien des villages où l'on encourage l'artisanat, l'utilisation des moulins à eau, où l'on restaure les vieilles fermes, où l'on favorise l'élevage du cochon maigre, qui se nourrit de glands, et qui fournit jambon et chorizo attirant des amateurs de tout le Portugal.

La nouvelle politique agricole ne pourra qu'être stimulée par la conscience croissante des conséquences nocives de l'industrialisation forcenée des cultures (pesticides s'infiltrant dans les fruits et légumes) et de l'industrialisation forcenée de l'élevage du porc (pollution des nappes phréatiques), des volailles et des bovins. L'affaire de la vache folle, qui sera suivie d'autres affaires semblables, va amplifier et accélérer les réactions visant à éliminer toutes formes d'élevage industriel et à imposer dans tous les secteurs alimentaires des normes de qualité. On sait aujourd'hui que la qualité de la viande dépend de l'état psychique de l'animal au moment de l'abattage : le stress la gâte et favorise l'envahissement des germes microbiens. Déjà les chercheurs de l'Institut national de la recherche agronomique n'ont plus pour objectif d'aider les agriculteurs à produire davantage, mais d'améliorer les produits existants en qualité et en goût. Partout les instances de contrôle, françaises et européennes, devraient apporter un soutien systématique au développement et à la propagation d'une agrobiologie qui éliminerait les moyens chimiques au profit de moyens biologiques. L'ingénierie biologique elle-même devrait rapidement permettre aux plantes cultivées de s'affranchir des engrais azotés en puisant l'azote directement dans l'air. Il s'agit de créer et de développer rapidement des technologies écologiquement idoines, qui seraient valables non seulement pour la France, mais aussi pour toutes les nations.

L'affaire de la vache folle incite à la qualité et à la frugalité. Le mot d'ordre consommationniste de la politique de civilisation est : *moins mais mieux*. Ce mot d'ordre va à contre-courant de la formidable machine à consommer animée par le profit. Mais les consommateurs sont voués à s'autoéduquer, s'autoréguler, s'auto-organiser, et une politique de civilisation se doit de les y inciter... Il y a déjà des publications dans tous les domaines de consommation comme *Que choisir ?*, qui examinent de façon critique les produits du point de vue de leurs qualités. Là également, une politique de civilisation doit stimuler, conscientiser, développer une éthique et une politique de la consommation, qui déjà se trouvent à l'état naissant dans la société civile.

Le nouvel emploi

Que peut signifier une action contre le chômage et contre l'exclusion sans politique de civilisation ? Ne pourrait-on prendre ces problèmes par l'autre bout et fonder notre *contre* (le chômage, l'exclusion) sur un *pour* : pour la régénération de notre tissu humain, social et culturel, *pour* la qualité de la vie dans notre société, *pour* une politique de civilisation.

Une politique de civilisation devient par elle-même une politique de l'emploi. Face à la réduction continue et inéluctable des emplois au sein des secteurs soumis à la compétition internationale, nous pouvons envisager les créations d'emplois nécessaires à la politique de civilisation.

Emplois ruraux et éco-emplois

– régénération de la petite et moyenne propriété, et des coopératives par le développement de produits de qualité dits « biologiques », où sont éliminés les engrais et pesticides chimiques ainsi que les élevages industriels ;

– utilisation de l'ingénierie génétique pour rendre des végétaux résistants aux conditions climatiques ou géologiques défavorables ; mais en soumission aux trusts géants qui, comme Monisanto, imposent leurs OGM.

– développement d'une agriculture céréalière spécialement vouée aux besoins des populations soumises aux famines pour raisons de guerre ou de cataclysme (ce qui impliquerait la création d'un fond européen spécial de solidarité planétaire) ;

– aide à la réinstallation de boulangers, épiciers, artisans dans les villages ;

– aide à l'installation et à la multiplication du télé-travail ;

– octroi de parcelles de maraîchage aux retraités ou télé-travailleurs s'installant à la campagne ;

– développement des institutions d'aide à domicile en milieu rural ;

– institution de corps de métiers de protection de l'environnement, et d'entretien des espaces naturels.

Emplois de solidarité

Il y a une nécessité de métiers d'assistance dans l'univers atomisé des solitudes et celui, techno-bureaucratisé, inaccessible ou incompréhensible, dont les lenteurs ne permettent ni réponse ni solution immédiate.

– postes de conseillers-assistants pour les problèmes administratifs et autres de vie quotidienne ;

– métiers d'assistance à la petite enfance, aux mères, aux infirmes, aux solitaires, dont l'assistance à domicile, l'assistance auto (avec dépannages sur place), l'assistance *boulot* (problèmes financiers), l'assistance juridique y compris pour le droit au travail ;

– enfin, il faudrait une politique d'ensemble des métiers de solidarité pour la vieillesse. Les maisons de retraite sont des mouroirs, parfois de luxe, en majorité sordides, et tous encombrés. Dans ces maisons, les infirmières et aides-soignantes sont surchargées, les vieux sont des marchandises, avant de devenir de la « bidoche avariée ». On aurait besoin de trois cent mille personnes pour s'occuper des vieillards.

Emplois de convivialité

– création et généralisation, soit au sein des

maisons de la culture, soit dans des établissements publics spécifiques, de centres voués à répondre à la demande de paix et de sérénité intérieure, qui offriraient diverses formes de psychothérapie, musicothérapie, yogisme, etc.

– aide d'installation pour les cafés-concerts, karaokés de quartier, bains turcs, saunas ;

– élargissement des maisons de la culture en espaces-forums pour les débats sur les problèmes locaux et généraux, et installation dans leurs cafétérias de centres œnologiques-gastronomiques ;

– métiers d'humanisation des transports en commun, particulièrement de la SNCF, où la rationalisation techno-bureaucratique a atteint le comble de la déraison avec son chef-d'œuvre baptisé Socrate.

État et initiatives privées : la complémentarité

Comme nous l'avons déjà indiqué, il y a une prolifération d'initiatives dispersées. Comment les relier entre elles ? Ne peut-on proposer des « États généraux de civilisation », où se rassembleraient tous ceux qui ont eu des expériences et des idées dont le but est de régénérer le tissu démocratique, social, culturel, etc. ? La vraie initiative communicationnelle et militante relève des associations et des individus. L'État doit être présent pour fournir les moyens et les cadres, et non pour jouer un rôle directif.

Ne peut-on susciter une initiative autonome qui permettrait de passer d'une diaspora d'expériences multipliées depuis dix ans à un mouvement organisé, qui assurerait l'information, l'échange, la mise en réseau, ainsi que la réflexion et la mise en perspective susceptibles de dégager les « questions de civilisation » présentes dans chaque expérience ?

Il y a possibilité de mettre en œuvre une politique qui aimante, suscite, stimule, et laisse la place à l'initiative individuelle. L'alternative marché/contrôle public, compétition/solidarité ne s'impose qu'à ceux qui se montrent incapables de concevoir le caractère complémentaire de deux impératifs antagonistes. La politique qui s'impose désormais cesse d'opposer la libre initiative à une économie dirigée extra-lucidement, de façon bureaucratique et planifiée. « L'essentiel est de mettre en œuvre une véritable complémentarité entre l'efficacité économique prouvée par le marché et les nécessités d'une vision à plus long terme que le marché ne procure pas[1]. »

L'idée nouvelle de la politique de civilisation est de faire en sorte que la puissance publique

1. Rachline, *op. cit.* p. 102.

crée les structures pour que les bonnes volontés qui ne parviennent pas à s'exprimer, les pulsions créatives solidaires, trouvent pleinement leur emploi. On incite, on encourage, on donne les moyens pour démarrer. Tous les néo et éco-emplois, métiers de solidarité, de convivialité, peuvent être incités ou suscités. Alors s'opérerait le retour de la boucle sur la question de l'emploi, traitée à partir des problèmes de fond de notre société.

Une politique de civilisation serait une réponse directe au chômage. Jacques Robin évalue à deux millions les emplois pour l'économie solidaire. Quelle que soit l'évaluation, la politique de civilisation pourrait résorber une forte proportion de sans-emplois.

Un New Deal *de civilisation*

Il faudrait concevoir un plan de grands travaux en vue de la piétonnisation de tous les centres ville avec première (autour du centre) et seconde (autour de la périphérie) ceintures de parkings, généralisation des tramways et bus électriques, et généralisation des itinéraires vélocipédiques. Quelques municipalités de villes moyennes – comme Fribourg-en-Brisgau ou Heidelberg, en Allemagne – ont réalisé ces travaux. Ils s'imposent d'autant plus dans les grandes villes où, évidemment, ils nécessiteraient de grands investissements. De telles réalisations pourraient être financées par les municipalités, les régions, l'État, et, comme ce plan vaut non seulement pour la France mais pour toute l'Europe, par un fonds européen spécial.

Le problème est de financer ce *New Deal*[1] civilisationnel, qui susciterait de grandes dépenses, mais qui, progressivement, permettrait de grandes économies. Ces économies demeurent invisibles tant que l'on continue à comptabiliser séparément des chapitres budgétaires. Il n'est jamais envisagé qu'une politique de la qualité de la vie pourrait réduire progressivement, dans les années à venir, les dépenses de santé considérables des bronchites, asthmes, maladies cardio-vasculaires, stress, insomnies, qui viennent des conditions de la vie urbaine, du chômage, des maux de notre civilisation, du mode de pensée dominant qui se montre incapable de saisir les problèmes globaux et conduit à des dépenses inconsidérées, et du système

1. La crise mondiale de 1929 a provoqué aux États-Unis le *New Deal* de Roosevelt avec des solutions démocratiques et, en Allemagne, le national-socialisme. La France a hésité entre fascisme et front populaire, sa tradition républicaine l'a incitée à faire ce dernier choix. Il n'est pas dit qu'une nouvelle crise, ou une crise de type nouveau, ne fasse basculer la France dans une solution nationaliste-autoritaire, en l'absence d'un *New Deal* de civilisation.

médical lui-même[1]. Il est nécessaire de créer un système comptable qui chiffre les conséquences écologiques et sanitaires de nos maux de civilisation. Ainsi pourrait-on concevoir que les dépenses de santé décroissent avec les économies de médicaments et de soins qui viendraient d'un retour de la qualité de la vie[2].

Réforme de civilisation, réforme de vie, réforme de pensée, réforme morale vont de pair pour déterminer d'énormes économies, lesquelles permettraient d'opérer toutes ces réformes interdépendantes.

1. En effet les formidables progrès de la santé, notamment dans la réduction de la mortalité infantile, comportent eux aussi leur envers. L'hyperspécialisation médicale, le traitement des organes et non plus des organismes, des organismes et non plus des personnes, la dégradation du rôle du médecin généraliste, la bureaucratisation des services hospitaliers, le développement des maladies iatrogènes, causées par les effets pervers des médicaments ou par la propagation des infections en milieu hospitalier, tout cela contribue de façon considérable aux dépenses de santé. Or une réforme véritable de la médecine qui soit en même temps une réforme des structures de pensée dans le monde biomédical (évitant erreurs et gaspillages) contribuerait elle aussi à la diminution des dépenses de santé.

2. Il faut ajouter ici qu'une politique de civilisation de conduite automobile, agissant à la fois par éducation civique, par réduction des vitesses maxima et par contrôle véritable des excès routiers et autoroutiers amènerait à diminuer considérablement les hécatombes dues aux accidents et, par conséquent, les dépenses du système médical.

Les énormes coûts des maux de civilisation en seraient diminués d'autant.

Ces coûts ne peuvent que s'accroître si tout continue : de quel terrible prix humain, culturel, civilisationnel, allons-nous – nous et pas seulement nous, mais la plupart des pays du monde – payer la croissance de la croissance si nous n'élaborons pas au plus tôt une politique de civilisation ?

Dans ces conditions on peut envisager un fonds non plus de modernisation, mais de civilisation, qui permettrait d'engager les grands travaux nécessaires, d'aider les services de proximité, convivialité, solidarité, de favoriser tout ce qui régénère le tissu social.

La politique de civilisation est non pas incompatible, mais complémentaire du développement techno-économique des entreprises en compétition sur le marché international. Le développement de leur compétitivité va réduire la part du travail humain au profit de l'automatisation informatisée ; il nécessitera aussi, en contrecoup, le développement de services à visage humain, ce qui inclut le maintien des services d'intérêt public, mais nécessite la débureaucratisation des administrations (cas de la SNCF). Par ailleurs, une partie des bénéfices de l'économie compétitive pourrait être consacrée au développement de l'économie à visage humain[1], celle qu'entend promouvoir la politique de civilisation.

Pour l'exemple français et pour l'Europe

Nous avons formulé ici ce que pourrait être une politique de civilisation dans le cadre hexagonal, mais le message est européen et vaut pour le monde.

Il est impensable que l'humanité maintienne ce rythme d'autodestruction en continuant à appauvrir les sols, à déboiser la planète, à vider les océans, à rejeter les gaz à effet de serre dans l'atmosphère et à ajouter chaque année quelque quatre-vingt-dix millions d'individus à nourrir !

Il reste à savoir si l'on peut, dans un pays comme la France, relever quelques-uns des défis qui, par nature, sont planétaires et civilisationnels. Puisque aucun pays n'a instauré de véritable réforme, que peut faire la France ? Au

1. Ici et là s'ébauche la réforme de l'entreprise. L'entreprise réformée serait vouée non plus seulement à la production de biens et de services, mais à l'autoproduction d'une communauté et à la participation à la citoyenneté : « entreprise citoyenne », entreprise communauté de destin, co-responsabilité, sont des termes qui indiquent chacun à sa façon l'un des aspects de la réforme de l'entreprise qui engloberait et dépasserait la recherche du profit.

moins proposer la réforme au monde. Ou mieux : la commencer.

L'exemple peut d'autant plus venir de la France qu'elle est le pays européen qui, riche de ses traditions du bien-vivre, souffre le plus des dégradations du mal-vivre. L'exception française doit être maintenue, justement pour offrir l'exemple français. Toutefois, le développement d'une politique de civilisation suppose un programme européen commun. Il constituerait d'ailleurs un apport décisif à la construction d'une communauté de destins européenne. La politique de civilisation européenne contribuera à la conscience d'une communauté de destin, ultime chance pour faire l'Europe.

Pour ce qui concerne l'Europe, nous subissons une alternative néfaste en opposant l'Europe des patries à l'Europe supranationale. L'Europe doit être celle des patries tout en étant une Europe supranationale. Il n'y a plus de souveraineté absolue de l'État national pour des problèmes planétaires ou continentaux, qui dépassent ses compétences, c'est-à-dire qui nécessitent d'être traités en commun par les Européens, ou au niveau de l'humanité.

Il nous faut joindre et non disjoindre, complémentariser et non antagoniser la sauvegarde du patriotisme national, le renforcement du provincialisme, l'accomplissement d'une communauté de destins européenne, l'enracinement dans la patrie-terrestre.

Politique de résistance, de restauration éthique et d'espérance

Le but de la politique de civilisation est la qualité de la vie, dont la manifestation est le bien-vivre, et non le seul bien-être, lequel, réduit à ses conditions matérielles, produit du mal-être.

Il ne s'agit évidemment pas de réduire la politique à une politique de civilisation. Il s'agit d'intégrer la politique de civilisation dans la politique. Il ne s'agit pas de réduire la politique de civilisation à une politique d'experts, ni seulement à une politique d'État. La politique de civilisation suppose évidemment l'élan, l'adhésion d'une grande partie des citoyens, mais elle est justement capable, en ouvrant une voie et une espérance, de réveiller les bonnes volontés, de susciter et stimuler élan et adhésion des citoyens.

La restauration d'une telle foi régénérera les solidarités qui, d'elles-mêmes, nourrissent l'éthique de la solidarité. La moralisation, la solidarisation et la régénération civilisatrice doivent aller de pair.

Solidariser, responsabiliser, moraliser sont interdépendants.

L'altruisme de solidarité et le sentiment de responsabilité sont au cœur de la conduite morale. Chacun de ces termes engendre l'autre en un cercle vertueux, à l'inverse du cercle vicieux de l'atomisation, irresponsabilisation, démoralisation.

La remoralisation relève non des discours de morale, mais d'un processus en boucle où le cercle vertueux est entretenu par la politique de solidarité, la politique de qualité de la vie, la réforme des organismes hyperspécialisés et bureaucratisés, la réforme de la pensée, la restauration d'une espérance et d'une foi.

Il ne s'agit pas de créer une « nouvelle éthique », mais de progresser vers un retour à l'éthique.

Le besoin de moralité est mal perçu par les politiques. Ils croient qu'il suffit de lutter contre la corruption par des mesures législatives. Il faut œuvrer *pour* la moralité, dans et par l'ensemble d'une politique multidimensionnelle de civilisation.

Toute éthique et toute politique ont besoin d'une foi ; la foi est conjointement mère et fille de fraternité et de communauté, lesquelles nourrissent l'éthique de la responsabilité. La

France dispose d'un héritage de foi civique, républicaine, patriotique ; elle dispose d'un héritage d'universalisme qui peut nourrir une foi européenne et, plus largement, une foi d'appartenance à la communauté de destin proprement humain. C'est cette foi qui peut être réveillée et régénérée, c'est elle qui nourrit les morales d'ouverture et de tolérance. Le besoin de foi, encore *ébranlé* par l'effondrement des espoirs révolutionnaires en un monde meilleur, ira aux fanatismes, intégrismes, chauvinismes et autres racismes. S'il n'y a pas la nouvelle reliance de solidarité, de foi et d'espérance que doit susciter une politique de civilisation, alors les intégrations se feront, de façon barbare, dans les exaltations apocalyptiques des sectes, les formes intégristes des religions, les ethnocentrismes purificateurs, les nationalismes intégraux[gristes].

La politique de civilisation part des défis, des menaces, mais aussi des besoins qui surgissent face à ces défis et à ces menaces.

Elle répond à la grande décélération nécessaire du point de vue sociologique, écologique, psychique, intellectuel, dans les processus déchaînés qui, s'ils ne sont pas ralentis, infléchis et déviés, nous conduisent aux désastres.

Comme nous l'avons indiqué ailleurs la menace grandit :

« Les données et les études confirment de plus en plus clairement qu'il y a élévation globale de la température ces deux dernières décennies[1], que ce réchauffement s'accélère, et que les causes de ce réchauffement tiennent aux émanations de gaz, notamment gaz carbonique et méthane, lesquels sont les produits directs du développement énergivore et productiviste. Comme les émissions de gaz s'accroissent dans la plupart des pays industrialisés (dix pour cent pour les États-Unis, onze pour cent pour la France) et dans les pays en voie d'industrialisation, notamment asiatiques, il apparaîtra de plus en plus que le développement est devenu non seulement générateur de catastrophes mais insoutenable. Les mesures d'urgence sont bien connues, et elles correspondent exactement à ce que nous appelons politique de civilisation. Déjà un certain nombre d'alertes concernant l'alimentation – dont la maladie de la vache folle – incitent à remplacer le plus par le mieux, la quantité par

1. Cf. La conférence des Nations unies sur les changements climatiques tenue à Genève, en juillet 96, où une Inuit du nord canadien révéla l'amincissement de la glace arctique alors qu'un mois auparavant une étude dans la même région avait montré que le sol des régions arctiques gelé en permanence *(permafrost)* avait reculé de cent kilomètres et décru en profondeur. Selon le groupe intergouvernemental de l'évolution du climat, (GIEC) la température moyenne de la planète pourrait augmenter d'un à trois degrés.

la qualité, mais il faudra aller beaucoup plus loin : il faudra révolutionner notre mode de vie, notre mode de produire, notre mode de consommer, à la fois pour survivre et pour vraiment vivre. La seule façon de réduire et stopper le processus énergivore et destructeur est dans la substitution de la quantité à la qualité, du mieux au moins. »

Nous avons déjà indiqué certains des contre-courants favorables à l'émergence d'une politique de civilisation. Ainsi pouvons nous penser :

– que le contre-courant écologique s'amplifiera en même temps que les développements techniques et industriels qui dégradent la biosphère ;

– que le contre-courant à la logique invasionnelle de la machine artificielle suscitera une aspiration de plus en plus ample à la convivialité ;

– qu'un contre-courant au consommationnisme se développera sous deux aspects : d'une part dans la recherche d'une *consumation* (intensité de vie, extase, jeu, fête), d'autre part dans la recherche d'une nouvelle frugalité, tempérance et simplicité dans la qualité ;

– que le développement du capitalisme provoquera à nouveau le développement de l'anticapitalisme et pourra prendre la forme d'une décroissance du rôle de l'argent, du profit ;

– que les aspirations qui ont nourri communisme et socialisme seront toujours renaissantes et pourraient prendre la forme d'une nouvelle conscience civique, solidariste et responsable ;

– qu'un contre-courant au déchaînement de la violence et de la haine se formera dans une éthique de la pacification des âmes et des esprits ;

– que le contre-courant déjà très puissant contre l'homogénéisation civilisationnelle se traduira par des ressourcements de plus en plus multiples et puissants (le problème étant de savoir s'ils comporteront le ressourcement dans la Terre-Patrie ou la pure et simple refermeture sur les nationalismes, ethnies ou religions).

Enfin, nous savons que l'approfondissement des crises ou l'approche bien visible de catastrophes peuvent susciter prises de conscience et prises de décisions salvatrices. De Tchernobyl à la vache folle, nous ne sommes qu'au début des catastrophes dont tôt ou tard on découvrira les causes et origines civilisationnelles. La politique de civilisation deviendra alors – clairement – la seule issue pour freiner la machine productiviste/énergivore, remplacer les énergies polluantes par des énergies non polluantes, passer du quantitatif au qualitatif, produire et consommer moins mais mieux.

La politique de civilisation est une mission

de nécessité et d'ampleur historique. Elle doit se développer sur la décennie et se poursuivre au-delà. Elle indique non un « modèle », ni un « projet » de civilisation, mais une voie.

Elle appelle à la fois à la reconquête du présent, à la régénération du passé, à la reconstruction du futur.

Elle permet de ressusciter une espérance concrète. Cette politique de résistance à la nouvelle barbarie porte en elle le principe d'une espérance.

L'ingrédient vital dont nous avons tous besoin – et la politique aussi –, c'est l'espoir. La résurrection de l'espoir n'est pas ici la résurrection de la Grande Promesse, c'est la résurrection d'une possibilité. Ni l'incertitude, ni l'angoisse ne sont supprimées, mais, comme on ne peut supporter l'incertitude et l'angoisse que dans la participation, dans l'amour, dans la fraternité, dans l'action, la politique de civilisation porte en elle l'élan, la participation, l'espérance.

ACHEVÉ D'IMPRIMER
EN JANVIER 2008
SUR LES PRESSES DE
CORLET IMPRIMEUR
À CONDÉ-SUR-NOIREAU
C A L V A D O S

Numéro d'édition : 0581
Numéro d'impression : 110190
Dépôt légal : janvier 2008
Imprimé en France